FÊTE RELIGIEUSE

DU

CULTE JUDAÏQUE.

שיר ומזמור

אשר שרו בני ישראל

על יום משיחת

נאפאלאען האדיר קיסר פראנזע

פה פאריס

יום ד' א' של ל'ח אדר ראשון ה' תקס'ה

FÊTE RELIGIEUSE

CÉLÉBRÉE À PARIS, LE 10 PLUVIÔSE AN XIII,

PAR LES FRANÇAIS DU CULTE JUDAÏQUE,

À L'OCCASION

DU COURONNEMENT DE NAPOLÉON.

À PARIS,

DE L'IMPRIMERIE IMPÉRIALE.

AN XIII. = 1805.

OUVERTURE

DE LA FÊTE RELIGIEUSE

CÉLÉBRÉE

PAR LES FRANÇAIS DU CULTE JUDAÏQUE,

À L'OCCASION

DU COURONNEMENT DE NAPOLÉON,

> Il n'est point de lauriers qui ne couvrent son front.
> VOLTAIRE.
> Lui seul dans l'univers est digne de régner.
> CORNEILLE.

QUE ne pouvons-nous, mes frères, imiter les divins accords du roi Prophète, pour célébrer ce jour solennel, en l'honneur de notre auguste Empereur, ce Héros du siècle, qui remplit le monde de son nom, et que l'univers nous envie !

Dès long-temps mon ame enthousiasmée fait des efforts inutiles pour louer celui dont les hauts faits, qui tiennent du prodige, ont épuisé toute expression de grandeur, de gloire et d'étonnement : mais, dans ce temps d'alégresse et de solennité, où chacun à l'envi adresse au Ciel des vœux ardens pour la conservation des jours précieux du Restaurateur de la France, j'ose mêler ma faible voix à celle de mes concitoyens.

Dieu éternel ! lorsque, par ta volonté, le monde sortit du chaos, et que les globes innombrables qui roulent dans l'immensité, prirent l'ordonnance et la direction que ta sublime sagesse leur avait indiquées pour le bonheur de tes créatures, tu daignas te complaire dans ton ouvrage, ainsi que l'Écriture nous l'enseigne :

(1) « Le Seigneur vit ce qu'il avait fait, et le trouva bien. »

Celui que ta bonté nous a envoyé pour tirer la France, ce beau jardin de l'Europe, de l'affreux chaos où elle fut trop long-temps plongée ; cet envoyé, dis-je, en qui tu as réuni la force du vainqueur de Goliath et des Philistins, et la sagesse de Salomon, a rempli dignement sa mission.

Daigne donc, ô mon Dieu ! Dieu d'Israël ! daigne sourire à son ouvrage, qui est le tien ; soutiens, par ta toute-puissance, ses glorieux efforts. Donne au trône de l'Empire français la durée et la stabilité des siècles, en conservant à

---

(1) וירא אלהים את כל אשר עשה והנה טוב מאד

(*Genèse* I, *vers.* 31.)

NAPOLÉON, ainsi qu'à son auguste Famille, une vie longue et parfaitement heureuse, pour qu'il fasse encore long-temps le bonheur des peuples qu'il est si digne de gouverner, et dont la gloire et la félicité lui sont si chères.

Tous les Gouvernemens l'admirent : tous ceux que le sentiment du bien et du repos du monde anime, le reconnaissent et le proclament chef auguste de l'Empire français ; et une confiance mutuelle et inviolable garantit, à l'ombre des alliances, la paix et le bonheur de leurs États.

Un seul ose résister à cet accord ! un seul prétend encore troubler la terre, pour pouvoir continuer sa domination tyrannique sur les mers !

Dieu des armées ! accorde à NAPOLÉON, ton élu, ta puissante assistance ; que par lui l'orgueil de cette fière Albion soit enfin humilié ; que le monde étonné le reconnaisse bientôt pour le libérateur des mers, comme il le reconnaît déjà pour le pacificateur du continent et le sauveur de la France.

Répandons-nous, mes frères, en actions de grâces ; louons le Seigneur suivant l'antique usage de nos ancêtres, et remercions l'Être tout-puissant et miséricordieux de nous avoir envoyé un Héros libérateur, qui a su tirer notre patrie de l'abîme des calamités, où elle allait disparaître pour jamais, et qui, par sa grande ame et son génie extraordinaire, l'a en si peu de temps élevée au plus haut degré de force, de splendeur, de considération et de prospérité ; un

Héros législateur qui, parmi les bases solides sur lesquelles il a fondé le nouveau et glorieux édifice social , a posé celle de la liberté des cultes, et l'égalité des droits de ceux qui les professent : bienfait inappréciable, et pendant si long-temps méconnu dans les empires !

Vive à jamais notre auguste Empereur NAPOLÉON !

Ce 10 Ventôse an 13, et 1.er du règne
de NAPOLÉON.

LAZARE CHAILLY.

שיף

שיר־ומזמור

נכון לבי אלהים אשירה ואזמרה עורה הנבל וכנור אורך בעמים
יהוה ואזמרך בלאמים כי גדול מעל שמים חסדך ועד שחקים
אמתך ׀ תהלים קֹח

HYMNE ET CANTIQUE.

Mon cœur est préparé , ô mon Dieu ! je vais chanter des cantiques et des hymnes..... Réveille-toi, ma lyre; mon luth , réveille-toi..... Je te louerai, Seigneur, parmi les peuples; je chanterai des hymnes en ton honneur au milieu des nations ; car ta miséricorde surpasse la hauteur des cieux , et ta vérité est aussi élevée que le firmament.

Ps. 108 (107).

זאת השירה

אשר שרו קהל ישרן

בבית תפלתם לעדה על שמחת לבבם

ולפאר הוד מלכם

מאת מהור' מענדל קארגויא נ"ו

אהבת צדק ותשנא רשע על כן
משחך אלהים : תהלים מ"ה ח'

אַל לָכֶם כְּיוֹם דְּמִירָה נְגִנִים גַּם שָׁרִים
עֹל עוֹז מַלְכֵּנוּ נַגֵּן הֵיטַבְנוּ וְהֵידָד עָנוּ
יוֹם לְשִׂמְחָה נִבְחַר בּוֹ נָגִיל וְקוֹל נָרִים
כָּל פֶּרֶא יִצְהַל כָּל לֵב יִשְׂמַח בְּשִׂמְחָתֵנוּ.

הַשָּׁמַיִם כִּי יַאַסְפוּ נָגְהָם וְאוֹר בַּל יַזְרִיחַ
בְּעַד מִפְלְשֵׂי עָב קַרְנֵי הַשֶּׁמֶשׁ בַּל יִבְקְעוּ
רוּחַ וּלְעֻפָּה יִסְעַר הֶעָרוּגִים יַצְרִיחַ
מִנַּעֲרַת הָרַעַם הֶהָרֵי עַד יִתְפְּרְרוּ וְיָנוּעוּ.

HYMNE

CHANTÉ

DANS L'ASSEMBLÉE DES ENFANS D'ISRAËL,

POUR CÉLÉBRER

LA GLOIRE DE LEUR SOUVERAIN,

ET DONNER UN TÉMOIGNAGE DE LEUR JOIE;

COMPOSÉ EN HÉBREU PAR MENDEL KARGEAU,
ET TRADUIT EN FRANÇAIS PAR MICHEL BERR, HOMME DE LOI.

Vous avez aimé la justice, et vous avez haï l'iniquité ;
c'est pour cela que Dieu vous a oint de son huile sainte.
Ps. 45 (44), vers. 8.

ACCOUREZ, enfans d'Israël; unissons nos voix aux instrumens de musique, pour exprimer les sentimens qui nous animent. Ce jour est un jour de joie ; il est consacré à célébrer la gloire de notre auguste Monarque : que toutes les bouches s'ouvrent pour faire retentir ce temple de cris d'alégrese ! que tous les cœurs partagent nos transports !

SOUVENT, lorsque les voiles des ténèbres couvrent la lumière céleste, que d'épais nuages dérobent au monde les rayons de l'astre du jour, on entend les vents furieux mugir dans l'horizon ; aux éclats redoublés du tonnerre, les monts et les rochers éternels semblent s'ébranler.

וַיָּרֹם הַסַּעַר וְרוּחַ יָם לְאַט יְנוֹפֵף
פְּנֵי שַׁחַק הִבְרִיקוּ גַּם יָסַף שְׁאָנַת רַעַם
יָצָא אָדָם מִמַּאְסָרוֹ הָלוֹךְ וְטָפוֹף
בַּעֲלֵי כָנָף יִשְׂאוּ רִנָּה וַיְשַׁכְּחוּ זַעַם׃

בֶּן עֲרָפֶל כִּסָּה אֶרֶץ אֲפֵלָה בְּנִין אַנְנֵי קְנֵי
אַדִּירֶיהָ בְּקִרְבָּהּ בַּחֹשֶׁךְ יֶדְמוּ כְּיוֹשְׁבֵי נוּר
עֲדֵי הִשְׁמִיעַ אֱלֹהִים קוֹל ۰ רְפָאתִי אֶרֶץ הַשֵּׁנָר
בָּאנפָּארט לְעֻזּוֹ בָּעָם בְּחַרְתִּי׃ וַיְהִי אוֹר׃

בֹּקֶר קַרְנֵי שַׁחַר בְּלִי עֶלְטָה כִּי יָאִירוּ
כִּי יִשְׁחֵי הַיּוֹם עֲדֵי עֶיֶג הֵן יַגִּידוּ
כֵּן מַעֲלָלֵי אִישׁ קִצָּתָם עַל כֻּלָּם יְנַשֵּׁרוּ
מִשְׁפָּטוֹ מָרָה יְהִי עֲדֵי שֵׂיבָתוֹ יָעִידוּ׃

נַם עַל מַעֲלוֹת הַכִּסֵּא מָיִם עָלִיתָ
חֵי חַי יַזְכִּיר שִׁמְךָ וּנְפָיוּ בֵּרְכֵהוּ
כִּי בְּעֵט מַלְאֲכוֹתֶיךָ שִׁמְךָ בְּלֹנ כָּל חָקְרָה
מֵאָז כָּמֹהָ כָל רוּחַ לִרְאוֹתְךָ בַּאֲשֶׁר הִנֶּךָ׃

הַדְּבוֹרָה מִפֶּרַח אֶל ۰ פֶּרַח תְּנַתֵּר
תָּמָץ מֵהֶם נֹפֶת וַתְּאַצְּרֵהוּ דִּבְיָתָהּ
הֲלַנְפֶשֶׁךְ תֹּאמַר ؛ הֲלִדְווֹת עֹסִים תַּחְתָּי
הֲלֹא לִמְלֹאוֹת פִּינוּ מַעֲדַנִּים מִגַּמָּתָהּ׃

(13)

Mais l'orage s'est-il apaisé, un souffle léger a-t-il succédé aux vents impétueux ; les cieux reprennent leur premier éclat, la foudre cesse de gronder : l'homme alors reparaît rayonnant et joyeux, et les habitans de l'air élèvent vers le firmament le concert de leurs accords harmonieux.

Telle de l'obscurité des tombeaux notre patrie semblait enveloppée ; la stupeur de la mort s'était emparée de ses chefs, jusqu'au moment où l'Éternel a fait entendre sa voix : Peuple, a-t-il dit, tes maux vont finir ; j'ai fait choix de NAPOLÉON pour ton sauveur ! et soudain la lumière a éclaté de toutes parts.

A la naissance du jour une brillante aurore se lève-t-elle sur l'horizon ; l'espoir d'un jour serein règne aussi dans tous les cœurs : tel un Héros qui s'annonce par d'illustres entreprises, promet à la patrie une vieillesse glorieuse et immortelle.

Long-temps avant d'être appelé sur le trône éclatant où tu règnes maintenant, ton nom commandait la terreur, inspirait l'attendrissement ; déjà, par le souvenir de tes actions immortelles, il était gravé dans les cœurs : le Français, depuis long-temps, soupirait après le moment où ta grandeur enfin serait digne de ta gloire.

Voyez-vous l'abeille industrieuse, volant de fleurs en fleurs, faire de leurs sucs un précieux assemblage ; est-ce pour jouir elle-même des douceurs qu'elle amasse ! non, c'est pour préparer aux mortels leur plus délicieuse nourriture.

כֵּן מִלֵּנוּ לֹא לָשֵׂאת אֲלֵמֹּרֵח כְּנוֹד עֲשִׁירֶח פְּלָא

לֹא לְהִשְׂתָּרֵר עַל הֲמוֹן גּוֹיִם תְּשׁוּקָתֶךָ

אַךְ לְמַעַן הַצְלִיחַ עַמֶּךָ עֲשִׁירֶח בָּל אֵלֶּה

עֶשְׁתְּנוֹתֶיהָ רָאָה אֱלֹהִים וַיְהִי עֶזְרֶךָ.

לַיְשׁ טוֹרֵף אַתָּה לְקָמֵי עַמֶּךָ וּבְנֵי מֶרִי:

וְנֶשֶׁר חוֹפֵף לִבְנֵי אֲמוּנִים אוֹהֲבֵי אֱמֶת

תְּסָעֵף פְּארוֹת רְשָׁעִים וּתְמִימִים יַעֲשׂוּ פֶרִי

בִּימִינְךָ שֵׁבֶט חֶסֶד בִּשְׂמֹאלְךָ חֶרֶב נְקָמֶת

נָקֹם וְהַמְלֵה חֶסֶד וָזַעַם בְּלִבְּךָ נִצְמָדִים

תִּמְחַץ גַּם תִּרְפָּא כַּאֲשֶׁר תַּעֲשׂ הַדְּבוֹרֵח

אוֹהֲבֶיךָ תַּשְׂבִּיעַ מָנֵד: סָלוֹנֵח תַּכְאִיב זֵדִים

צַדִּיקִים תַּחֲנֶה בְּמִתְקָרֵח אַךְ סוֹרְרִים בְּמָרֵח

שֵׁבֶט מוֹשֵׁל אֱוִיל, מוֹט בַּרְזֶל עַל עַו

בָּפִיהֶם יָנִירוּ וּבְקִרְבָּם יָשִׂימוּ אוֹרְרִים

פְּקוּדָיו לְמַשָּׂא עַל שֶׁכֶם סָלוֹן לְנַוְיָחֵמוּ

אַךְ פִּיהֶם יִשְׂחָק וְלִבָּם צֹרַח תַּמְרוּרִים

רִבְבוֹת עַמִּים אֶחָיו רָאוּ כִּי לֹא תַאֲמִינוּ

לֹא כָּאֵלֶּה חֶלְקֵנוּ אֲשֶׁר טוֹב מֵהֶם זָנַח

הֵבִישׁוּ. נאפאלעאן מֶלֶךְ עָלֵינוּ

תַּחַת שֵׁבֶט מֶמְשַׁלְתּוֹ הָעָם בָּל יֵאָנַח:

(15)

Tel notre Héros n'a point fait ces prodiges pour charger sa tête de lauriers ; dominer sur les peuples de la terre n'a point été sa folle envie : le bonheur de sa patrie fut toujours le but de ses efforts ; et du haut du firmament l'Éternel soutint son génie et son courage.

Aux farouches ennemis de notre pays , au rebelle opiniâtre, tu fus comme un lion furieux ; mais aux enfans fidèles de la patrie, aux amis de l'humanité , comme un aigle planant sur ses aiglons. Ta main abattit les branches immondes du crime , et répandit les doux fruits de la justice : dans ta droite est le sceptre de la loi , et ta gauche est armée du glaive de la vengeance.

Ainsi sont unies dans ton grand cœur la justice vengeresse qui foudroie le crime audacieux , et la douceur qui répand un baume salutaire sur les plaies qu'a faites l'infortune. Semblable à l'abeille , qui prodigue son miel à ceux qui protégent son industrie , et perce de son dard cuisant l'ennemi qui trouble ses travaux , tu fais goûter aux hommes de bien les douceurs de la paix , et les méchans éprouvent tout le poids de ta colère.

Le sceptre d'un despote stupide est un joug de fer pour le peuple infortuné ; une juste haine domine dans les ames quand les bouches profèrent sa louange ; on gémit, on se tait ; le souris est sur les lèvres, les cœurs sont remplis d'amertume.

Mais accourez, peuples de la terre ! nations, attestez en ce jour que tel n'est point notre sort, qu'un lot plus fortuné nous est échu en partage. Voyez le peuple heureux et tranquille sous le Héros qui nous gouverne : sous le sceptre de sa puissance, aucuns cris, aucuns soupirs ne se font entendre.

פְּקוּדָיו עוֹטְרֵי כִסְאוֹ כֻלָּמוֹ אֹהֲבֵי יוֹשֶׁר
בְּמִשְׁלַחְתָּם לֹא יִשְׁגּוּ וּלְמִצְוָתוֹ יָאֹוּ
בְּרִנָּה יָפִיקוּ תַּפְקִידָם מוֹגִילִים אוֹשֶׁר
יַעַן יָדְעוּ כִּי רַק טִיב מֵאֲדֹנֵיהֶם יְצֻוּ

דוֹרְשֵׁי חָכְמָה הַמַּעֲנִיקִים לְעַם תּוּשִׁיָּה
צָהֲלוּ! כִּי יִנָּתֵן לָכֶם אֲרוּחַת וּמַהֲלָכִים
בַּעֲלֵי מִסְתָּר עֲצֵכֶם יְהִי לְנָפָן פּוּרִיָּה
וְעָלֵי נִגְעֵת הַמִּרְכָּלֹת תִּהְנַגּוּ שִׁיַּת מְלָכִים.

(וְאַתְּ) יוֹשֶׁנֶת פָּארִיס הִתְקִימְמִי וְשָׁאִי
לְהַקִּיר עָרִיצִים שָׁנַת נִנְדַּע שֶׁנֶט מֵעֵנָיִךְ
יִשְׁעֵךְ בָּא יְמֵי יַיִן עָנְיוּ הִשְׁכַּחִי
סִתְחוּ שַׁעַר, שֶׁקֶט וְרוּחַ שֶׁג לְחֹמִתַיִךְ

יאזעפינע! אִם זְרוּחַיִךְ וּסְעִיפַי סְתַרְתָּרֹת
כּוּתֶרֶת הָאָרֶץ שׁוֹשַׁנַּת הַבָּנוֹת לְעֵוּר עֵינָיִם.
אֲהַלֵּלְךָ! וּמַעֲשֵׂי יָשְׁרֵךְ בְּלִי סְפוּרֹות
אָעִיד כִּי הוּא אוֹר וְהַשֶּׁמֶשׁ בַּחֲצִי הַשָּׁמָיִם!

הַיוֹפִי הוֹרִיק כָּל אֲסָמָיו לְמַעַן גַּדְּלֵךְ
מֶמְשְׁלָה חֵן וְכִנּוֹר בְּיָדֵךְ אֵל מָסַר
מִרַח שְׁאֵלָתֵךְ אֲשֶׁר לְשָׁאֵל שַׁאַר לָךְ;
אִם נאפאלעאן בְּזִרְעָתַיִךְ מִרַח לָךְ יַחְסַר

FIDÈLES

FIDÈLES imitateurs de ses vertus, les ministres qui entourent son trône marchent d'un pas assuré dans les sentiers de l'équité ; en exécutant ses ordres, ils ne s'écartent jamais des lois de la justice : assurés que ses pensées n'ont pour but que la prospérité des peuples auxquels il commande, ils se dévouent avec joie à l'exécution de ses volontés.

CHANTEZ et triomphez, paisibles adorateurs de la sagesse, qui révélez aux peuples les secrets de la nature et du génie ; votre règne va devenir brillant et glorieux : sur la surface de la terre le commerce aussi va étendre ses heureuses spéculations, et porter en tous lieux la richesse et l'abondance.

LÈVE-TOI ; fais entendre les accens de l'alégresse, Cité fortunée et chérie ! tes oppresseurs ne sont plus ; la verge des tyrans est brisée ; ton sauveur est debout ; les jours de deuil et d'opprobre ont disparu pour jamais ! Tombez, murs, barrières inutiles ; la paix et le bonheur sont fixés pour toujours au milieu de ton enceinte.

AUGUSTE IMPÉRATRICE ! ô toi, digne des hommages de la terre dont tu es l'ornement, touchante protectrice de l'infortune ! pourquoi entreprendre de te louer ! pourquoi essayer de raconter tes innombrables bienfaits ! Qu'est-il besoin d'attester l'éclat de l'astre du jour, lorsque ses rayons brillent de toutes parts dans le firmament !

LA Nature, pour te former, épuisa tous ses trésors : la majesté, les grâces, la sagesse, des mains du Tout-Puissant ont découlé dans les tiennes. Que pourrais-tu souhaiter de plus, quels vœux te resterait-il à former, quand l'illustre NAPOLÉON près de toi se repose de ses travaux immortels !

צָהֳלִי אֶרֶץ בּאנאפארט מֶלֶךְ הַם הַשּׁוֹדֵד
הָאַדִּירִים שָׂדוֹת מִדָּם נַפְשׁוֹ בַּל חֲפֵצָה
יוֹשֶׁר יַקּוּ מִשְׁפָּט לַמִּשְׁקֹלֶת עָמַד וִיסוֹדֵד
מִפִּי מוֹשֵׁל נָגוֹן רַק טוֹב וְאַל עָוֶל יֵצֵא

גַּם אִם רַבִּים עֲסִיס יִפְלוּ לַמְּשׁוּאוֹת
אַרְצָם בָּתַר וְנוֹזְלֵיהֶם מְחוֹלִים בַּדָּם
אַתָּה תִּהְיֶה מוּצָק כִּי יַד עוֹשֶׂה פְלָאוֹת
לוֹחָם לְךָ מֵרוֹם וּמַה יַעַשׂ לְךָ אָדָם ׃

נֶגַע כִּי יִגַּע עָדֶיךָ לֹא שָׁתַע וְתִבָּהֵל
מִבַּעַד לַחַלּוֹן יַשְׁקִיף וּפְנִימָה לֹא יֵרָאֶה
כְּשִׁכְנַת הַצֵּל יָמַס בְּעֵת הַשֶּׁמֶשׁ יָהֵל
כֵּן אַחַר אֲנָחָה מֵאָהֳלְךָ יִדְאֶה

יֶתֶר מַלְכוּתְךָ בִּמְקוֹמִים נֶאֱמָן תְּקוּעָה
שָׁלֵו עִם תִּשָּׁנָה כְּנִצָּנִים עֲלֵי עַיִן
הַצְלִחָה אַרְצְךָ תֵּרָאֶה וּפִיךָ תְּרוּעָה
בַּהֲדָרְךָ תֵּשַׁע מְשַׂנְאֶיךָ וְהָיוּ לְאַיִן

שׁוֹכֵן שָׁמַיִם יִפְתַּח אֲבוּרוֹת אֲסָמוֹ
לְהָרִיק בְּרָכָה וָטוֹב כְּמָטָר עַל אֶרֶץ
עֲלֵי רֹאשׁ מַלְכֵּנוּ עַל רֹאשׁ נְזִיר עַמּוֹ
וּמִבִּרְכָתוֹ תֵּנַךְ יֹאזֶפִינע גְּבֶרֶת הָאָרֶץ

HEUREUSE patrie! il est donc vrai, le grand NAPOLEON règne, et le fer destructeur cessera ses ravages. Sa grande ame dédaigne la gloire facile pour lui, de teindre encore du sang ennemi de nouveaux sillons. A la Justice il rend sa balance et son équerre; et de sa bouche équitable aucun arrêt d'iniquité ne sortira jamais.

EN VAIN des légions innombrables comme le sable de la mer, s'é-leveraient contre toi : tu triompherais encore; les insensés périraient. Du haut de la voûte céleste, le Dieu des armées combat pour toi : et que peuvent de terrestres efforts!

SOUS ton égide protectrice, les terreurs soudaines n'approcheront pas de nos demeures : lorsque de ta tente tu sors brillant et radieux, elles disparaissent à ton approche, comme l'humide rosée se fond au premier rayon d'un soleil ardent.

TON pouvoir est assis sur des fondemens inébranlables; tes yeux jouiront long-temps du bonheur de tes enfans chéris ; l'éclat de ta majesté dispersera tes ennemis et les réduira au néant. La paix, au milieu de nous, brillera comme les fleurs au bord d'un clair ruisseau.

LE Dieu qui habite dans les Cieux va ouvrir ses trésors ; il va verser sur la terre un déluge de biens et de prospérités : ses bénédictions ne cesseront de se répandre sur la tête du chef de son peuple, et de celle qui partage son trône et ses vertus.

נָם אֱל לוּאִי נָם אֱל יאזעף אַחִים יַחַד

(וְרֹאשָׁנִים בַּמַלְכוּת בְּעֲמִידֶם מָרִי יָפוּ)

הַצֵּר אֱל חַסְדְּךָ בַּל יְנִיאֵם מָגוֹר וָפָחַד

חָעַדִים יֶשַׁע מֵעֲשׂוּרָה חָיִל לֹא יִיעָפוּ

שָׁב נָם עֲלֵם שִׁירוּ שִׂפְתֵיכֶם רַבֵּעֲנָה

יְחִי נאפאלעאן מַלְכֵּנוּ יַעֲלָה מֵעֲלָה

הְחִי יאזעפינע הַמַלְכָּה עֲטֹרֶת תִּפְאָרֶת שְׁרֵנָה

יְחִי כָּל בֵּירַת הַמֶּלֶךְ לְעוֹלָם — סֶלָה:

ET vous aussi, JOSEPH, LOUIS, Princes vertueux et adorés , dont l'éclat brille le premier après celui du Souverain ! l'Éternel vous prodiguera les trésors ineffables de sa justice et de sa grâce ; il préservera vos jours précieux ; la gloire et la sagesse marcheront toujours devant vos pas.

VIEILLARDS, et vous jeunes adolescens, faites tous entendre les accens de l'alégresse ; chantez et célébrez, au milieu de nos enceintes sacrées, les exploits de NAPOLÉON, les vertus de sa compagne adorée, la gloire et la sagesse de toute sa famille ; chantez, célébrez avec transport tant de gloires immortelles !

מזמור

לתודה

על יום משיחת ונשוא כתר מלכות

אדוננו נאפאלעאן האדיר

קיסר פראנזע

מאת מאיר במ' מכערגהיים

במקהלות

אֱלֹהִים בְּגִיל וּבְתוֹדָה . בָּאנוּ לְפָנֶיךָ
בַּחֲצֵרוֹת וּבְשִׂמְחָה . לְהוֹדוֹת לְשֵׁם קָרְשֶׁךָ
נוֹרָאוֹת עָשִׂיתָ . גְּדוֹלוֹת לָנוּ הִרְאֵיתָ
קַבֵּל קְטִירָת . וּרְצֵה תוֹדַת לְגַנְנוּ
דִּמְעֵי שִׂמְחָה נִשְׁפַּךְ . וּנְשַׁלְּמָה נְדָרֵינוּ
עַל חַסְדְּךָ וְעַל יְשׁוּעֶךָ . לָנוּ נִגְלָה

CANTIQUE

POUR

CÉLÉBRER LE JOUR

DU SACRE ET DU COURONNEMENT

DE

S. M. NAPOLÉON,

EMPEREUR DES FRANÇAIS;

Composé en hébreu par J. MAYER,

et traduit en français par MICHEL BERR, homme de loi.

LE CHŒUR.

Dieu tout - puissant ! la reconnaissance nous amène au pied de tes autels ; les instrumens de l'alégresse vont retentir pour célébrer les merveilles que, pour nous, tu as fait éclater : de nos cœurs daigne agréer l'hommage ; que nos actions de grâces, que les larmes de joie que tes bienfaits font couler en ce jour, te soient agréables !

קול אחד

אֵיךְ שׁוֹכְנֵי חוֹמֶר, יַעַרְכוּ תְהִלָּתוֹ

נְדוּלָתָם יְקַר מַלְכוּתָם, אֶפֶס זוּלָתוֹ

כָּל תְּמוּנָה וְהַרְמָתָם, לְמִשְׂחָק לוֹ

צוּרִים וְהָרִים, בַּקֵּשׁ יִשָּׂאֵם

יַמִּים יָנַשׁוּ, כִּי נָשַׁף בָּהֶם

יְמֵי הַדּוֹרוֹת נוֹאֲפֵעַ נַחְשְׁנוּ לוֹ

קול אחר

מִי זָרָה יַעֲרֹג לִבּוֹ, לְגָשֶׁרַ אֵלָיו

רָאוּ: רֹאשׁ כוֹכָנִים, שָׁמַיִם שׁוּלָיו

שְׂרָפִים מֵחֲדַר נָאוֹנוּ, יְסוֹכְכוּ בְּכַנְפֵיהֶם

שֶׁמֶשׁ לְאֵין מִסְפָּר, כַּעֲפַר אֶרֶץ אָתּוּ

עוֹלָמִים וְכוֹכְבֵיהֶם, כְּאַיִן לְעֻמָּתוֹ

מִצְּלוֹ יָפִיצוּ אוֹרָם מְאוֹרוֹת וּכְסִילֵיהֶם

במקהלות

חַסְדֵּי אֵל נַזְכִּיר, וְאֶל תְּנַעְתְּכֶם שְׂאֵתוּ

מְרוֹן אוֹנִים, אֶרֶץ דַּעַ שׁוֹכֵן, וְהַיּצֵא תְהִלָּתוֹ

אָז הוֹפִיעַ, לְיֶשַׁע עַמּוֹ בְּרָקָב רְבוּתַיִם

לֹא חָמַד הָרֵי גַנָּנִים, בָּשָׁן וְחֶרְמוֹן

גַּם דָּוִד עָנְדוּ בָּתַר מִמִּכְלְאוֹרֹת צֹאן

כִּי לָנֶג יַרְאֶהּ אֱלֹהִים, וְאָדָם עֵינַיִם

(25)

UNE VOIX.

MAIS quels mortels jamais pourront dignement parler de ta grandeur! Quelle conception pourra s'élever jusqu'à toi ! A quoi peuvent être comparées ta majesté , ta force et ta puissance ! Les hommes, leur sagesse, et leurs plus vastes projets , à tes yeux ne sont que chimère et vanité. Au moindre signe de ta volonté, les monts et les rochers disparaissent ; ton souffle dessèche le lit de l'océan ; les siècles et leurs vicissitudes, dans ta sublime pensée, ne sont qu'un instant fugitif.

UNE SECONDE VOIX.

QUEL est-il le mortel digne d'approcher du trône de l'Éternel ! Là, comme d'un vêtement léger, il s'enveloppe des rideaux du firmament, entre des Séraphins dont la face rayonne du reflet de sa lumière : dans l'immensité de l'espace roulent devant lui les soleils nombreux comme des grains de poussière. Que sont auprès de sa gloire les sphères célestes et les astres qui en sillonnent l'étendue ! C'est de l'ombre seule de sa lumière, qu'ils empruntent tout leur éclat.

LE CHŒUR.

CHANTONS ses bienfaits, célébrons ses louanges ! que sa puissance infinie n'effraie pas nos cœurs timides ! c'est de l'humble mortel qu'il aime à entendre les prières. Lorsqu'un jour il parut pour sauver son peuple, choisit-il les montagnes les plus élevées pour y manifester sa gloire ! N'est-ce pas à la suite des troupeaux qu'il a fait choix de David son serviteur ! Bien différent des mortels, il voit les cœurs dont les abîmes sont à nu devant lui.

עַל כֵּן לְפָנָיו . נִשְׁתַּחֲוֶה וְנִקְדָּם

כִּי לְנִבְזֶה הוּא דוֹרֵשׁ . אָז מִקֶּדֶם

יְצִירַת שָׁנָה . מִמְּנָתָר יְצוּרֶיךָ

הִתְפַּלֵּל בְּנֵי אָדָם . לְךָ יַעֲנוּ

כְּעֵרֶךְ כָּל הָאָרֶץ . הַלְּנִבְזֶה לְךָ יַקְרִינוּ

עַמִּים שִׁמְךָ יִקְרָאוּ . יֵשׁוּ שָׁכָם לְעָבְדֶךָ

קול אחר

אֶרֶץ וְעַם רָגַע בְּאַפּוֹ . אֶרֶץ רְגֵזָה

מִמְּכוּרֹת הָאֲדָמָה . וּמְעֻזָּה

פִּתְאוֹם יִשְׁלַח מַלְאָכוּ . הַמְּשָׂרָה עַל שִׁכְמוֹ

נָגוֹן וְהִצִּיל . וְגַל תַּחְתָּיו כָּפָפוּ

שְׁקָמִים גֻּדְעוּ . וַאֲרָזִים יַחֲלִיפוּ

נָחְרָה וְשָׁקְטָה אָרֶץ . וּנְרַנֵּן עַמּוֹ

קול אחר

כְּמוֹ נִימֵי הַסְּתָיו . שֶׁנִּתְּרָה כָּל מְלָאכָה

עֵצִים בְּלֹא עָלִים . אֲדָמָה לֹא תִתֵּן פִּתְרָה

הָאָבִיב בָּא . שׁוֹשַׁנִּים נוֹטְפוֹת מֹר

נִצָּנִים כָּאָרֶץ . גֶּפֶן וְזֵירַת יִפְרָחוּ

נָאפָאלעאן בָּא . עִם צָרְפַת נְגִינָה פָצְחוּ

גִּיל לְנִבְזֶה אֲדָמָה . וּמִכָּל פֹּה מִזְמוֹר

P̲ROSTERNONS-NOUS devant lui; adorons les immuables décrets de celui qui sonde les profondeurs de nos plus secrètes pensées : dès l'origine du monde, l'adoration des mortels vertueux fut, sur ses autels, un hommage agréable ; et de leurs cœurs les vœux montèrent vers lui comme un encens d'une suave odeur. Dieu puissant ! la terre entière en ce jour t'apporte un sacrifice solennel ; les peuples proclament la grandeur de ton nom, et courbent un front docile sous tes ordres suprêmes.

UNE VOIX.

Q̲UAND, par l'arrêt de sa justice, les peuples et les empires sont livrés à d'horribles convulsions, bientôt sa clémence se réveille; il choisit un mortel, imprime sur lui le sceau de sa sagesse, remet entre ses mains le sceptre qui, pour leur bonheur, doit régir les enfans des hommes : alors le calme succède aux ouragans destructeurs, et c'est à l'ombre de sa puissance que le faible arbrisseau est protégé contre le cèdre orgueilleux.

UNE AUTRE VOIX.

L̲ES noirs frimas ont-ils étendu leurs voiles funèbres sur les campagnes, dès-lors le laboureur suspend ses travaux, les arbres se dépouillent de leur verdure, et la terre engourdie cesse de féconder les germes qu'elle recèle dans son sein; mais à peine le printemps renaît, des myriades de fleurs s'épanouissent à sa douce chaleur : tels, lorsque NAPOLÉON parut au milieu des Français, tous les cœurs s'ouvrirent à l'espérance, et les accens de la joie se firent entendre de toutes parts.

קול אחר

גַּל עוֹד יְחָרַק הַשֶּׁמֶשׁ מֵעֵיפֵנוּ

תֵּאָנֵל אֶרֶץ · שְׂדוֹרַת מִנִּי קָרַח טָעֵנוּ

פִּתְאוֹם יִשְׁלַח לָנוּ · שֶׁנֶּיג אֵשׁוֹ · מוֹשֵׁל הַיּוֹם

דּוּדָאִים יִתְּנוּ רֵיחַ · מַגְּדִים עַל פְּתָחֵינוּ

נאפאלעאן הִסְתִּיר פָּנָיו · נִנְהַל הָיִינוּ

אוֹרוּ זָרַח עָלֵינוּ · וּמָצָאנוּ פִדְיוֹם ·

במקהלות

יוֹשְׁנֵי חֶלֶד · עֲחוּדֵי אֶרֶץ · הָקִיצוּ

מִתַּרְדֵמָה רָגַע · וְתָמְהוּ וְהַעֲרִיצוּ

בְּסִפְרֵי זִכְרוֹנוֹת · נֶחְקְשָׁה לָשׁוֹנֵ מִנִּי אָלֶף

חָרְדוּ עַמִּים · וְהִתְפָּאֲרוּ לְנוֹרַא עוֹלָמִים

רְאוּ · נָאוֹנוּ · בְּיַד נאפאלעאן מְיוֹמִים

נוֹרַא עֲלִילָה · עַל בְּנֵי חָלוֹף · וְאֵין סָלֶף

קול אחר

פראנויא : אֵל מִי דָמִיתָ · בִּכְבוֹד וּגְנֻדָּל בָּכָרַת

וּמִי יַעֲרוֹךְ אֵלָיִךְ · גּוֹי אוֹ מַמְלָכָרַת

יָפֶּרַת נוֹף · נְהַר זֶהַן בִּגְאוֹן תָּשְׁטֹף מֵימֶיךָ כּוֹרַם

עַם וְקֵיסָר רִאשׁוֹן · אֲשֶׁר נִתְּקוּ מוֹסְרוֹתֵינוּ

דַּלְתֵּי חָכְמָרַת וּמַדָּע · נִפְתְּחוּ לָנוּ

בַּחוּרֵי חָמֶד : מָשְׁכוּ עֵט סוֹפֵר · אִיכַּר וְכוֹרַם

UNE TROISIÈME VOIX.

QUE l'astre du jour s'éloigne de dessus l'horizon, la tristesse et le deuil couvrent les guérets, jusqu'à ce qu'enfin il reparaisse brillant et radieux : ainsi la France éplorée ne se souvenait de sa splendeur passée que pour se livrer au plus affreux désespoir, jusqu'à ce que l'astre de NAPOLÉON paraissant sur le char éclatant de sa gloire, versa sur elle les torrens régénérateurs de ses feux bienfaisans.

LE CHŒUR.

HABITANS du monde, sortez de votre fatal assoupissement, consultez les fastes des nations : où trouverez - vous de semblables prodiges ! Tremblez, peuples de la terre ; reconnaissez la volonté divine dans la grandeur de celui auquel l'Éternel a remis le sceptre de sa puissance et confié l'exécution de ses immuables décrets.

UNE VOIX.

O FRANCE ! ô ma patrie ! à qui te comparer dans l'éclat de ta gloire ! Quel peuple, quel empire peut t'égaler ! La Seine roule maintenant ses flots avec orgueil au milieu de ta superbe capitale ; l'auguste temple des sciences et des arts est ouvert pour nous aussi, enfans à présent fortunés de l'antique Sion ! Nous aussi, empressons-nous d'apporter à la Patrie qui nous a reçus dans son sein, le tribut de notre industrie et l'hommage des arts et du génie.